AF483052

L'ACCIDENT ESPOVVENTABLE DE L'EMBRAZEMENT ARRIVÉ NAGVIERES EN LA Ville de Padouë.

Ensemble les merueilles aduenües à dix lieües à la ronde sur grande quantité d'Eglises, de maisons, d'hommes, de femmes, & d'enfants.

A PARIS,

Chez ABRAHAM SAVGRAIN, ruë S. Iacques au dessus de S. Benoist.

M. DC. XVII.

Pris sur l'Original Italien imprimé à Padouë.

AVEC PERMISSION.

[illegible]
[illegible]
[illegible]
[illegible]

[illegible]
[illegible]
[illegible]

[illegible]

LE Seigneur Dieu, comme vn Pere remply de toute benignité & bien-veillance vſant de la meſme façon & tenant le meſme regime que les bons Peres enuers leurs Enfants bié-aymez, pour nous retirer de tant de maux & pechez odieux, qui contrarient & battent dire-ctement contre ſa diuine & puiſſante nature, & nous animer à la vertu & à l'amour de ſa diuine Majeſté, a eſſayé de tout temps, maintenant de nous attirer par chaſtiements & afflictions, vrais & equitables effects de ſon incorruptible iuſtice, & ores nous amener à ſoy par graces & bien-faicts, ouurages tous conſtruis non plus à la rigueur : mais tirez du profond de ſa diui-ne miſericorde, ainſi que nous l'enſeignera l'ex-perience de cét eſtrange acccident dont ie vous feray à preſent le recit pour la plus grande gloire de ſa diuine Majeſté & pour le bien de nos ames. Et pour commancer par les effects de ſa diuine Iuſtice. Il permit que le Mercredy vingt-qua-trieſme May de cette preſente Annee mil ſix cens dix ſept enuiron les dix heures s'allumaſt ſubite-ment vn grand feu dans la poudre de munition

qui eſtoit reſeruee dans la tour appellee le Ma-
glio: Lieu non fort eſloigné du Iardin des Sim-
ples preſque au milieu des deux celebres &
renommees Egliſes du Sainct & Saincte Iuſtine,
ou d'vn premier abord, le ciel eſtant tres ſerain
bourſoufla incõtinent vn furieux vent & ſortit à
l'heure meſme de la ſuſditte tour vne fumee ſi noi-
re & ſi eſpaiſſe que l'air en fut auſſitoſt obſcurcy
& ombragea toutes les terres, & lieux circonuoi-
ſins en ſorte qu'il n'eſtoit plus poſſible d'y pou-
uoir recognoiſtre aucune lumiere non pas meſme les perſonnes entre elles, de ceſte Tour qui pe-
toit par la furie & la force de la poudre, ſe firēt fu-
rieuſement ouyr deux horribles coups l'vn plus
grand toutesfois & plus impetueux que l'autre
qui furent ouys à pluſieurs milles loing de Padouë les pierres monſtrueuſes en groſſeur
& qu'vn grand nombre d'hommes bien forts
n'euſſent pas ſeulement peu remuer, eſtoient
iettées bien loing du leur machine comme ſe
ſont retrouuees de grandes pierres à molin à
fourment plus loing que deux cens pas de leur
lieu ordinaire, des poutres toutes ambraſees vo-
loient par l'air, grande eſtoit ceſte fumee, & le
conuant enuironné de boys tout fracaſſé: tous les
palays & maiſons grandes & petites encloſes dãs
le contour furent ruees par terre auec perte, &
dommage notable, regardant autant le pu-

blic , que le particulier , & specialement l'E-
glise S. Iuſtine, mais encore beaucoup plus celle du Sainct auec le Conuent tout rompu, briſé &
fracaſſé qui ne ſe pourroit meſ-huy reſtablir & re-
leuer qu'à force de beaucoup de milliers, & d'a-
uantage ſont morts enuiron cinquante perſonnes partié bruſlez, partie mis en pieces, partie eſcraſez & eſtouffez ſoubs les pierres , & ruine
des maiſons tombees & oultre tout cela vn grand
nombre de bleſſez , qui a la teſte, qui au bras &
qui les iambes rompues de façon qu'en peu de
temps pluſieurs ſont morts par la douleur de ces
tourmēts. De tous les lieux d'alentour on n'en-
tendoit que pitoyables cris, l'vn pleuroit la perte
de ſon Pere, l'autre celle de ſa mere, celuy-cy l'a-
mentoit la mort de ſon fils, celuy-là celle de ſon
frere, qui la femme, qui le mary, qui l'amy, qui le
parent en voyāt les maiſons tombees & les meu-
bles bruſlez, pluſieurs animaux encor ſont morts,
les beufs & les cheuaux, les aſnes & mulets qui
ſeruoient au moulin à bled.

Ce bruit inacouſtumé , qui ſembloit quaſi
repreſenter la derniere conſummation de ce
monde terreſtre, paruint iuſques aux oreilles &
& toucha le cœur des Illuſtres Seigneurs gouuer-
neurs de la ville, qui accompagnez d'vne grand
multitude de gens entre leſquels fut l'illuſtriſſime
& reuerendiſſime Mōſeigneur l'Eueſque leſquels

ous ensemble remplis de douleur & d'amertu-
ne se transporterent sur les lieux de la ruyne
pour pouruoir à ce qui estoit necessaire & be-
oing de faire & principalement pour ceux qui
estoiét en vie afin qu'ils ne vinssent a estre suffo-
quez, & aussi pour pitoyablement ensepuelir les
morts. Accident estrange & espouuentable, &
difficile a conceuoir de celuy qui ne l'aura veu &
veritablement tres digne de compassion & de
pitié.

A l'heure mesme au milieu d'vne si grande
ruyne & espouuentement ce Dieu tres benin
& pere debonnaire voulut faire paroistre des
rayons de son infinie pieté & misericorde auec
les graces & faueurs octroyees par l'intercession
du glorienx Pere sainct Anthoine ie pretends raconter auec toute pureté & sincerité.

Vne desquelles fut que deux petites creatures
petits enfans d'vn nommé Bernardin surlarno,
sabbatino & de Perrine de Monselice Giugali
vn nommé Sebastien aagé enuiron de quatre
mois qui estoit dans vn berceau, & l'autre Fran-
çis Anthoine lequel estoit gisant dans le lit
uestu seulement d'vne petite Camisole, &
pource que le toict de la maison tumba sur le
& sur le berceau ils furent ensepuelis sous le;
ruynes de cette maisõ dõt ledit toict estoit enleué
plus de six pieds au pardessus le lit qui fut rom-

pu & fracaffé : la deſſous demeurerent plus de
deux heures ces deux petits & floüets enfants,
le pauure Pere ne pouuant donner autre ſe-
cours que par prieres deſquelles touſiours inuo-
cant le bien-heureux ſainĉt Anthoine aydé d'vn
certain nommé André Laurens & de Gabriel
Chioggieto Guchiarolo qui tous enſemble s'ef-
forcerent de leuer les pierres, les poutres & autres bois & materiaux qui couuroient le lit & le
berceau & ſeruoient de ſepulture à ces pauures
enfants en peu d'heure le vouloir de Dieu s'ac-
compliſſant parut & fut enleué premierement le
berceau comme ce qui eſtoit moins chargé & le
petit Sebaſtien fut tiré hors encore en vie mais
griefuement offenſé à la teſte en l'vne des tempes
& en vne eſpaule & au ventre & receu de Perrine
ſa mere, & le Pere continant auec ces autres a
leuer la matiere tombee trouua en fin le lit tout
rompu & briſé auec François Anthoine telle-
ment decoloré que ceux qui leuirent & retire-
rent de deſſoubs ces ruynes l'eſtimerent & eurent
pour mort. Le Pere tout remply de triſteſſe le re-
cueillit entre ſes bras & courant a l'Egliſe du S.
il preſenta ſon enfant qu'il tenoit entre ſes mains
pour mort deuant l'autel du glorieux Pere ſainĉt
Anthoine le mettant ſur le dernier degré de l'eſ-
chelle duquel les membres eſtoient tous eſten-
dus & retirez à l'acouſtumée des morts ne faiſãt

aucun mouuement, les yeux à demy ouuertes &
& tournez, le Pere tout esploré mais plain de dé-
uotiõ estat narriué dõne constãte foy, mit les ge-
noux en terre & les mains iointes fit-humblés
& ardente; prieres au glorieux Pere Sainct
Anthoine a ce que par ses intercessiõs enuers
Dieu il recouurast le salut & la vie de son fils.

Ce grand Dieu Pere de misericorde qui cherit
tant ce sainct, inclina à ses intercessions, que cõme
si le S. eust exaucé les Oraisons de ce Pere desia
fõdu en larmes ainsi Dieu ce Pere Eternel a exaucé les prieres & intercessiõs de S. Anthoine de façon qu'en peu de temps le petit enfant cõmnien-
ça estẽdre le bras gauche dessus le degré plus haut
& se leuant se aydant soy mesme commença de
se vouloir asseoir : vn des assistants luy toucha
les leures & l'enfant ouurit incontinent
les yeux & se dressa sans l'ayde de ces Pere
ny mere ny aucun des assistants qui pour lors
estoient en vn tresgrand nombre tout deuant
l'Autel & la chasse du bien-heureux Pere Sainct
Anthoine comme si en quelque façon il eust mõ-
stré par signe qu'il voulust rendre graces au sainct
des bien faits qu'il auoit receu de luy.

Le Pere auec l'estonnement de toute la cõ-
pagnie que d'vne haute voix faisoit retentir tout
le peuple rendant graces à Dieu, & à sainct Anthoine de tant de graces receües auec larmes de
ioye

ioye & de contentement reprit le petit enfant
l'embraſſant & ſerrant entre ſes bras, & le bai-
ſant, la mere auſſi toſt luy laue les yeux & la
bouche auec de l'eau beniſte & allerent en la maiſon du Concierge du lieu ou luy voulant faire
reprendre forces nouuelles luy preſenterent vn
œuf que l'enfant refuſa ains reprit incontinent ſa
premiere vigueur, ſe monſtra ſain & d'vne face ſi
allegre & ioyeuſe comme s'il n'euſt enduré aucun mal ny tourment. De là le pere l'emporte dãs
la maiſon d'vn ſien compere, ou interrogé de luy
& de ſa mere, qui l'auoit aydé & ſecouru en ceſte
neceſſité, reſpondit que c'eſtoit noſtre Dame &
ſainct Anthoine au ſeruice deſquels il deſiroit
eſtre receu & ſe rendre religieux.

Il adiouſta de plus qu'il auoit veu en cette cham-
bre vn grand nombre de petits garçõs aux mains
iointes & diſoit a ſon Pere & & à ſa mere; Allons
y & nous trouuerons tous ces petits enfants que
i'ay veu: & de la ſe tire vn certain argument que
ſans doute ſe peut eſtre vne viſion d'Ange.

Le teſmoignage de cecy eſt tres-aſſeuré
comme tiré & extrait du Procés verbal de Mon-
ſeigneur l'Eueſque de Padouë Marc Cornaro fait
en la preſence de pluſieurs Illuſtres Seigneurs
comme le ſeigneur Paul Guardo, l'Archipreſtre
& vicaire general de l'Egliſe Cathedrale & Dio-
ceſe de Padouë du Procureur Fiſcal & pluſieurs

autres.

La teneur des fufdires informations eſt, que le petit François Anthoine fufdit lequel ils virent tous, eſtoit communement & vrayement eſtimé mort, & que quãt aux fignes fi veritablemẽt ils ne furẽt euidẽts à tout le moins eſtoiẽt-ils tres probables, comme ayant eſté fi long temps fous ces ruines fufdites, que fes membres eſtoiẽt defia roidis cõme ceux la d'vn mort, & autres tefmoignages aſſeurez non feulement par le ſermẽt du pere & de la mere, mais auſſi par celuy d'André Laurens Criuellaro à Gabriel Chiozzotto qui ayderent à le tirer de deſſous les precedẽtes ruines. Nadalino, frere François d'Argenta, le Seigneur Iean de la Porte, Zafalonie Grec de nation aſſeurent l'auoir veu pour veritablement mort, ainfi que maintenant ils le croyent pour vrayement vif & bien fain, par le moyen des interceſſions de S. Antoine. Pour ceſte raiſon le Seigneur Scipion Vice-Curé de Sainĉte Iulienne fe trouua en l'Eglife des reuerendes Religieufes de Bethlehem, où eſtant il vit porter ledit François Anthoine entre les bras de fon pere, & qu'il ne portoit autre marque ne figne que de mort entendant ce pere criant S. Anthoine me l'a donné, & luy mefme me le rendra, parquoy il fit arreſter le pere, & de fes propres mains toucha l'enfant lequel il iugea comme veritablement mort.

Ceste grace ne fut pas seule, ains elle fut sui-
uie d'vne autre telle que s'ensuit. Vne certaine
femme d'vn tailleur de pierre asseure qu'vne siene
fille nommee Marie aagee enuirõ de trois ans fut
trouuee morte sous ces ruines, laquelle tenant
embrassee, se ressouuint incontinent de la porter
au mesme Sainct qui auoit ressuscité le petit Frãçois Anthoine, & que peut estre encore elle re-
couureroit la mesme grace pour sa fille, ainsi auec
sa fille elle eust recours au Sainct, luy fist tres-hũ-
bles prieres, & à l'heure mesme la fille ouurit les
yeux & regarda en haut, & de la fut portee en la
maison d'vne sienne Couline. De cecy sont tesmoins le Seigneur Iacques Carsouich Polaco,
qui asseure l'auoir veuë pleurer la mort de sa fille,
& comme estant ressuscitee elle s'en retourna,
& encore l'illustre Seigneur Compte Liuio de
Nores Chanoine de Padouë.

Il reste donc tout clair & constant que tous ces
tesmoins bien & deuement examinez & auec ser-
ment si ces signes ne sont tout a faict euidents a
tout le moins sont ils tres probables que le susdit
François Anthoine aagé enuiron de trois ans fut
trouué soubs les susdictes ruines ou il fut acca-
blé l'espace de deux heures & tenu de tout le mõ-
de pour veritablement mort qu'il fut porté par
son Pere sur l'eschelle de l'Autel ou se trouue le
corps du glorieux pere Sainct Antoine & qu'a

pres ses tres efficaces prieres, & vne grãde foy cet enfant par l'intercession du sainct apparut resuscité, ainsi aussi que fut rendue la vie par l'intercession du mesme Sainct à Marie aagee de trois ans fille d'Ane Femme d'vn Tailleur de pierre qui auoit esté tenuë communement pour morte.

O merueilles ô grandeur des instruments de la misericorde de Dieu grand ouurier de miracles, qui a icy trauaillé a la loüange de Sainct Antoine.

Si quæris miracula, mors, error, Calamitas Dæmon lepra fugiunt, agri, surgunt sani cædunt, mare vincula membra resque perditas petunt & accipiunt iuuenes & cani pereunt pericula, cessat & necessitas narrent si qui sentiunt dicant Paduani. Ce seroit me rendre trop prolixe si ie voulois raconter vn si grand nombre de miracles faicts par l'intercessió de ce sainct mais ie me contenteray de faire voir ceux-cy de nostre temps.

Resiouy toy dõc ô Padouë que Dieu ta remis vn si grand Thresor, Thresor non pas d'or ny d'argent mais vn ioyau pretieux vn sainct si cher & agreable à sa diuine Majesté qui se tient en sa particuliere protection.

Sainct Anthoine claire estoile d'Espagne nouuelle lumiere d'Italie Soleil resplendissant de Padouë, la pierre pretieuse de pauureté, enfant de pureté, Emulateur du Pere Seraphique sainct Frãçois forme d'humilité Docteur de la verité, miroir de simplicité, la vraye lumiere des peuples, l'amateur de la saincte paix mespriseur de la vanité mondaine , lumiere de la foy Catholique , Martyr de desir & volonté, soldat de Iesus Christ, admirable ouurier de miracles, vaincueur des heretiques, grãd faiseur de miracles, Thresor de la cité de Padouë intercedez pour tous ceux qui ont recours a vous & soyez enuers Dieu leur fidele aduocat. Ainsi soit-il.

FIN.